¡YO LEO! ¡TÚ LEES!

Turno de lectura del niño

Turno de lectura del adulto

LEEMOS SOBRE

LA AUTOESTIMA

Vicky Bureau y Madison Parker

Traducción de Pablo de la Vega

SEAHORSE PUBLISHING

Guía para padres y cuidadores

Leer a su niño en voz alta tiene muchos beneficios. Aumenta su vocabulario, activa el intercambio de ideas y fortalece los vínculos emocionales. Las investigaciones muestran que los niños a quienes se les leen libros en voz alta mejoran sus habilidades lingüísticas, lo que los lleva a tener mayor éxito en la escuela.

Los libros de *¡Yo leo! ¡Tú lees!* le ofrecen una manera divertida y sencilla para leer con su niño. Siga estas pautas:

Antes de la lectura

- Miren la tapa y la contratapa. Hablen de sus experiencias personales relacionadas con el tema.
- Hagan uso de las *Preguntas de comprensión* al final del libro.
- Si el libro resulta difícil o lejano para su niño, léalo en voz alta la primera vez. Luego, invite a su niño a participar la segunda vez que lo lean.

Durante la lectura

NIÑO

Pida a su niño que lea las palabras junto a este símbolo. Este texto concuerda con el nivel de lectura y grado señalados en la tapa.

ADULTO

Lea las palabras junto a este símbolo.

- Deténgase con frecuencia para hablar con su niño sobre lo que está leyendo y para asegurarse de que su niño entiende.
- Si su niño tiene dificultades para decodificar una palabra, ayúdelo a pronunciarla. Si sigue experimentando dificultades, pronuncie usted la palabra para que su niño la escuche y pídale que la repita.
- Para encontrar el significado de una palabra, busquen pistas en las palabras e imágenes que la rodean.

Después de la lectura

- Felicite a su niño por sus esfuerzos. Hágalo notar cómo ha crecido como lector.
- Hagan uso de las *Preguntas de comprensión* al final del libro.
- Hable con su niño sobre lo que aprendió y sobre lo que le gustó y lo que no le gustó del libro.

Y, lo más importante, deje que su niño sepa que leer es divertido y valioso. Continúen leyendo juntos conforme las habilidades y seguridad de su niño crecen.

ÍNDICE

AUTOESTIMA: ¿TIENES?

NIÑO

Di algo para lo que seas bueno.
O de lo que estés **orgulloso** de ti.

¿Qué es lo que más te gusta de ti

¿Te gusta quién eres, o a veces te gustaría ser como alguna otra persona?

ADULTO

NIÑO

A veces queremos lo que otros tienen.

A veces queremos hacer lo que otros hacen.

ADULTO

Quizá no entendemos quiénes somos o no **apreciamos** lo que nos hace **especiales**.

La **autoestima** es como un frasco de galletas. A veces, está lleno.

NIÑO

¡A veces necesitas rellenarlo!

ADULTO

A veces sientes que te desmoronas.

NIÑO

¡A veces, te sientes completo!

ADULTO

En otras palabras, admira a otros sin despreciarte a ti mismo.

¡Admira a quienes te rodean y siéntete **orgulloso** de ti mismo!

AUTOESTIMA: ¿QUÉ SIGNIFICA?

NIÑO

¿Cuál es el mejor halago que has recibido? ¿Cómo te hizo sentir?

Tener **autoestima** significa que en general te sientes bien contigo mismo.

ADULTO

No siempre te puedes sentir bien contigo mismo.

NIÑO

Pero si en general te sientes bien contigo mismo, eso significa que entiendes lo que te hace **único**, y que te sientes orgulloso de lo que haces.

ADULTO

¿Quién te **inspira**?

¿Quién te ayuda a sentirte **especial**?

¡Mira dentro de TI!

ADULTO

AUTOESTIMA: ¿CÓMO PUEDES CONSTRUIRLA?

NIÑO

¡Puedes aprender más sobre ti mismo! ¿Quieres saber cómo hacerlo?

ADULTO

Pregúntate: «¿Qué es lo que más me gusta de mí?». Piensa menos en «Soy diferente» y más en «¡Soy **único** gracias a lo que me hace diferente!».

NIÑO

Menciona algunas cosas para las que eres bueno.

ADULTO

Menciona algunas cosas que te gustaría mejorar de ti mismo.

¿QUÉ HARÍAS?

Tu amigo necesita ayuda para resolver un problema matemático. ¿Crees que puedas ayudarlo?

NIÑO

Te dieron un premio por tu proyecto de arte. ¿Cómo te hace sentir eso?

ADULTO

¡Revisemos tus respuestas!

La escuela puede ser un reto. ¡Pero trabajar duro para encontrar la respuesta correcta te ayuda a construir la **confianza en ti mismo**!

NIÑO

¡Ser reconocido por tus logros te ayuda a sentirte orgulloso de tu trabajo y a construir tu autoestima!

ADULTO

PALABRAS QUE HAY QUE SABER

apreciamos: Que entendemos el valor de algo.

autoestima: Que te sientes feliz con quién eres.

confianza en ti mismo: La creencia en que puedes tener éxito.

especial(es): Diferente(s) o inusual(es).

inspira: Que llena a alguien con una emoción, idea o actitud.

orgulloso: Que te sientes bien sobre lo que haces.

único: Que no hay otro igual.

ÍNDICE ALFABÉTICO

PREGUNTAS DE COMPRENSIÓN

1. ¿Cómo puedes mostrar que tienes autoestima aun cuando todo parece difícil?

2. ¿Qué cosas puedes hacer para fortalecer tu autoestima?

3. ¿De qué manera los sucesos de la vida de una persona afectan su autoestima?

4. ¿Cuál es la diferencia entre orgullo y autoestima?

Escrito por Vicky Bureau y Madison Parker
Diseño de Under the Oaks Media
Editora: Kim Thompson
Traducción de Pablo de la Vega

Library of Congress PCN Data
Leemos sobre la autoestima / Vicky Bureau y Madison Parker
¡Yo leo! ¡Tú lees!
ISBN 979-8-8945-9014-1 (hard cover)
ISBN 979-8-8945-9020-2 (paperback)
ISBN 979-8-8945-9026-4 (EPUB)
ISBN 979-8-8945-9032-5 (eBook)
ISBN 979-8-8945-9038-7 (audio)
ISBN 979-8-8945-9044-8 (read-along)
Library of Congress Control Number: 2024946176

Printed in the United States of America.

Photographs/Shutterstock: Benjavisa Rvangvaree: cover, p. 1; Africa Studio: p. 5; Rob Hainer: p. 6; EvgeniiAnd: p. 7; LimYong Hian: p.8; Oliver Hoffman: p. 9; Robert Kneschke: p. 10; krakenimages: p. 11; Lightfieldstudios: p. 13; Tercer Ojo Photography: p. 14; Robert Kneschke: p. 15; Sergey Novikov: p. 16a; All About Space: p. 16b; Pond Saksit: p. 17a; Irina Kovynyova: p. 17b; Jovica Varga: p. 17c; Motortion Films: p. 19

Seahorse Publishing Company
www.seahorsepub.com 1-800-387-7650

Published in the United States
Seahorse Publishing
PO Box 771325
Coral Springs, FL 33077

SEAHORSE PUBLISHING